*Pelletier 18 rue Notre Dame de Lorette*
*7 février 1850*

# CATALOGUE

D'UNE VENTE

DE

# TABLEAUX

## ANCIENS & MODERNES,

Esquisses peintes, Dessins, Estampes, Recueils et Livres
sur les Arts, Catalogues et Ustensiles d'atelier.

Dépendant de la succession de M. GARNIER,
Peintre d'Histoire, Membre de l'Institut,

**HOTEL DES VENTES,**

## RUE DES JEUNEURS, 42,

LES MERCREDI 27 ET JEUDI 28 FÉVRIER 1850,
heure de midi,

Par le ministère de M<sup>e</sup> BONNEFONS DE LAVIALLE,
Commissaire-Priseur, rue de Choiseul, 11,
Assisté de M. DEFER, Expert, quai Voltaire, 21,
Chez lesquels se distribue le présent Catalogue.

---

**EXPOSITION PUBLIQUE**
Le Mardi 26 Février 1850, de midi à 4 heures.

---

## PARIS

IMPRIMERIE ET LITHOGRAPHIE DE MAULDE ET RENOU,
Rue Bailleul, 9 et 11.

**1850.**

## CONDITIONS DE LA VENTE.

Elle sera faite au comptant.

Les acquéreurs paieront, en sus des adjudications, 5 centimes par franc, applicables aux frais de vente.

# DÉSIGNATION

### ESQUISSES PEINTES PAR M. GARNIER.

1 — Hippolyte s'éloignant et laissant son épée entre les mains de Phèdre. Esquisse du grand tableau exécuté en 1790.
2 — Nymphes dansant au son d'une lyre touchée par l'une d'elles. Esquisse et une ébauche du même sujet.
3 — Hercule atteint à la course la biche au pied d'airain. Esquisse en forme de frise et cintrée.
4 — Triomphe de Bacchus et Ariane. Jolie esquisse pour un tableau non exécuté.
5 — Saint Louis arbitre entre le roi d'Angleterre Henri III et ses barons. Esquisse du grand tableau.
6 — Eurydice piquée par un serpent, expirante entre les bras d'Orphée son époux, et soutenue par une de ses compagnes. Esquisse du grand tableau exécuté.
7 — La Vierge, l'Enfant Jésus et saint Jean. Ebauche.

8 — Trois esquisses. Christ portant sa croix, et deux petites figures, Endymion, etc.
9 — Apothéose du duc de Berry ; il est reçu dans le ciel par saint Louis. Esquisse.
10 — Le Sauveur, esquisse par M. Garnier.
11 — L'empereur méditant dans son cabinet sur une grande carte d'Europe, esquisse du tableau exécuté pour Versailles.
12 — La Vierge, mère de douleur, assistant à la descente de croix, esquisse du grand tableau qui est à Nantes.

## DESSINS PAR M. GARNIER.

13 — Hélène rendue à Ménélas, dessin très terminé à la sépia, signé *Garnier*, 1801. Plus un trait.
14 — Phèdre et Hippolyte, sujets de l'histoire grecque, sept dessins par *M. Garnier*.
15 — La famille de Priam pleurant la mort d'Hector. Très beau dessin au bistre du tableau mentionné au concours décennal de 1810.
16 — L'Empereur Maurice, détrôné par l'usurpateur Phocas, et mis à mort par les licteurs après avoir été témoin du meurtre de ses cinq fils. Beau dessin au bistre.
17 — La mort de Lucrèce, belle composition peinte en grisaille sur papier.
18 — La mort d'Epaminondas, dessin lavé à l'encre de Chine.

## TABLEAUX ANCIENS.

19 — *Paul Véronèse* (Ecole de). Les noces de Cana, ancienne copie du grand tableau du Musée.
*Du même.* Plafond de Venise, esquisse.
20 — *Ecole Italienne.* Jupiter et Danaé. Bon tableau.
21 — *Guide* (Ecole du). Cléopâtre.
22 — *Pellegrini Tibaldi.* Adoration des bergers.
23 — *Lesueur* (Ecole de). Saint-Bruno en prière.
24 — *Téniers* (Ecole de). Mendiants à l'entrée d'un village flamand.
25 — *Wouwermans* (Pierre). Vue prise au bord de la mer, animée de plusieurs figures et animaux.
26 — *Boudon* (attribué à). Un portrait d'homme.
27 — *Poussin* (style du Guaspre). Paysage avec fabrique.
28 — *Verdussen.* Deux tableaux de chasses.
29 — *Subleyras* (manière de). La Magdeleine.
30 — *Vouet* (Simon). Six enfants ailés autour d'un puits. Agréable tableau sur bois.
31 — *Bassan* (composition du). Nativité.
32 — Sujets de la fable, sept esquisses peintes par *Restout fils.*
33 — Portraits peints du cardinal Mazarin, de Colbert, etc. Trois tableaux.
34 — Huit esquisses peintes par divers maîtres de l'école française.

35 — Une bataille, la guerre de Troie, esquisse par *Desoria*, d'après une peinture du palais Ghigi à Rome.
36 — Christ mort, esquisse par Desoria, d'après le tableau de Michel Ange de Caravage à la *Chiesa Nova*.
37 — Christ porté au tombeau, esquisse par Desoria, d'après le tableau du Titien.
38 — Coriolan, esquisse par Desoria, d'après le tableau de Nicolas Poussin.
39 — Chasse au sanglier.

## DESSINS PAR DIVERS MAITRES.

40 — *Fabre de Montpellier*. Un dessin. Sujet de Léonidas.
41 — Vingt-cinq dessins par divers maitres de *l'école française*.
42 — Trente-sept pièces par et d'après des maitres des écoles flamande et hollandaise.
43 — Sujet grec. Dessin à la sépia, par *Meynier*.
44 — Le cardinal de Berulle met des religieuses sous la protection de la Vierge. Dessin par *Restout*, d'un tableau exécuté pour la Chapelle du cardinal de Berulle.
45 — *Monsiau*. La déclaration. Très joli dessin à la sépia.
46 — Dessins par divers maitres des écoles italienne et française, dont une étude à la sanguine par Watteau.

17 — *Bourgeois.* Dix dessins, dont le Panorama de Toulon. 2 lots.
18 — Vingt-deux dessins de fleurs par Vidal et autres, plusieurs sont sur vélin.
19 — Quatorze dessins indiens.
50 — Suite de Saints et Saintes dessinés par Elye, et dessins pour la Bible, par Luycken. 82 pièces. 2 lots.
51 — Treize dessins par Schouman et autres, et un vol. de dessin par Wannemaker. 41 pièces, 2 lots.

## ESTAMPES.

52 — *Albert Durer.* Les offres d'amour. Belle épreuve.
53 — *Audran.* Le temps qui enlève la vérité, d'après N. Poussin, épreuve avant la draperie.
54 — *Balechou.* La Tempête, d'après J. Vernet. Très belle et rare épreuve avec le mot écrit *compagine* pour compagnie.
55 — *Beauvariet.* Molière d'après S. Bourdon.
56 — *Bervic.* L'enlèvement de Déjanire d'après le Guide. Epreuve avant la lettre.
57 — *Bervic.* Le Repos d'après Lepicié. Epreuve avant la lettre.
58 — *Bolswert.* Le Serpent d'airain, d'après Rubens. Belle épreuve avant le cintre terminé au-dessus des armes.

59 — *Bosse* et *Saint-Igny*. Scènes de mœurs et costumes sous Louis XIII. 28 jolies pièces. Belles épreuves avec l'adresse de Le Blond.

60 — *Callot*. La tentation de Saint-Antoine. Pièce capitale du maître.

61 — *Callot*. Les misères de la Guerre et portrait de Claude Dervet, épreuve avant l'année. 19 pièces, très belles épreuves et à grande marge.

62 — *Cranach*. Un Tournois. Belle pièce gravée en bois.

63 — *Drevet*. Bossuet d'après Rigaud. Belle épreuve avant les points.

64 — *Edelinck*. La sainte Famille d'après Raphaël. Très belle épreuve avant les armes et avec de la marge, elle vient du cabinet Silvestre.

65 — La Magdeleine d'après *Le Brun*. Epreuve avant la bordure, état rare, non décrit au catalogue de M. Robert-Dumesnil.

66 — *Edelinck*. Philippe de Champagne d'après ce maître.

67 — *Edelinck*. Racine et Lafontaine. Belles épreuves.

68 — Arnauld, Desjardins, Rousseau, Catherine Mignard, Rousseau, Patin. 6 pièces par *Edelinck*, *Drevet*, *Masson*, etc.

69 — Louis XIV par *Edelinck*. épreuve avant la lettre, Fénelon par *Drevet*.

70 — *Felsing.* La Madone au trône d'après André del Sarte.

71 — *Fiquet.* J.-J. Rousseau. Epreuve avant la lettre.

72 — Corneille, Molière, Montaigne, Regnard, Voltaire, Madame de Maintenon, par Fiquet, Henri IV, Sully par de Marcenay. Molière, par Audran, etc. 12 pièces.

73 — *Goodall.* Vue de Tivoli d'après Turner. Jolie gravure anglaise.

74 — *Hollar.* La cathédrale de Strasbourg. Jolie pièce du maître.

75 — *Masson.* Portrait du comte d'Harcourt dit le cadet à la perle. Très belle épreuve du premier état.

76 — *Masson.* Jésus et les disciples d'Emmaüs. Belle pièce dite la Nappe, d'après le Titien. Très belle épreuve du premier état.

77 — *Masson.* Portrait de Brisacier. Ancienne épreuve.

78 — *Masson.* Portrait de Charier. Belle épreuve du premier état.

79 — *Morin.* Louis XI, Henri IV et Richelieu, et tête de mort d'après Champagne. 4 pièces.

80 — *Nanteuil.* Pomponne de Belièvre d'après Le Brun. Belle épreuve d'une pièce capitale du maître.

Steenbergen dit l'avocat de Hollande, premier état. Rare.

81 — *Nanteuil*, Condé, Mazarin et Loret, 3 pièces. Belles épreuves.

82 — *Nanteuil*, Lamothe Levayez.

83 — Louis XIV par Nanteuil, 1663. Le maréchal de Villars par Drevet, 2 pièces. Belles épreuves.

84 — *Pesne*. Testament d'Eudamidas d'après N. Poussin.

85 — *Plonski*. 19 pièces à l'eau forte à l'imitation de Rembrandt.

86 — *Poilly*. Sainte Famille d'après Raphaël. Belle épreuve.

87 — *Porporati*. Susanne au bain d'après Santerre. Très belle épreuve.

88 — *Porporati*. Le Coucher d'après Vanloo, épreuve avant la lettre.

89 — *Rembrandt*. L'Ange disparaissant devant la famille de Tobie. Belle épreuve avant les tailles au bas du coin à gauche.

90 — *Spierre*. La Vierge donnant le sein à l'Enfant Jésus d'après le Corrège. Rare.

91 — *Strange*. Charles I<sup>er</sup> et Henriette d'après *Van Dyck*.

92 — *Tardieu*. Portrait d'Henri IV d'après Porbus. Epreuve avant la lettre. Et deux autres portraits d'Henri IV.

93 — *Visscher*. La Bohémienne. Belle épreuve avec l'adresse de Clément de Jonghe.

94 — *Visscher*. Bouma. Très belle épreuve avant l'année d'un des beaux portraits de Visscher.

95 — *Visscher* (Corneille de). La Fricasseuse. Très belle épreuve avant l'adresse de Clément de Jonghe avec marge, mais doublée.
96 — *Wille*. Les musiciens ambulants d'après Diétricy.
97 — *Wille*. L'instruction paternelle d'après G. Terburg. Belle épreuve.
98 — La tante de Gérard Dow. Epreuve avant la lettre.
99 — *Woollett*. La pêche. Belle épreuve aux eaux bleues.
100 — La compagne de Cicéron et la solitude, d'après Wilson. Belles épreuves.
101 — La petite forêt d'après le Guaspre. Belle épreuve avec l'adresse de *Martin Street*.
102 — Rubens d'après A. Van Dyck. Belle épreuve avec l'adresse de Bradfort.

## ESTAMPES DIVERSES, LITHOGRAPHIES, ETC.

103 — *Charlet*. Suite de vingt-huit costumes militaires français dessinés à la plume sur pierre. Suite très rare, plusieurs coloriées.
104 — *École française*. Sujets et portraits gravés par Mellan, Nanteuil, Drevet, Baudet, Morin, etc., d'après N. Poussin, Champagne, Parrocel, Lancret, etc. ; 132 pièces et diverses vignettes et livraisons détachées de divers ouvrages. Cet article formera neuf lots.

105 — Vingt-cinq pièces d'après Rubens par Bolswert, Jegher et autres graveurs. Trois lots.

106 — Trente-six vignettes pour divers ouvrages d'après les dessins de M. Garnier.

107 — Cent huit estampes gravées d'après N Poussin, Lesueur, S. Bourdon et Mignard. Trois lots.

108 — Soixante-six pièces gravées par et d'après des peintres français des XVII et XVIII<sup>me</sup> siècles, tels que *Bosse, La Hyre, Mellan, Le Paultre, Restout, Goyrand, Boucher,* etc. Trois lots.

109 — Deux cent quarante-sept pièces gravées d'après les grands maîtres de l'École italienne et à l'eau forte par des peintres et graveurs de cette même école. Quatre lots.

110 — *Portraits* des personnages français gravés et lithographiés détachés de l'Iconographie des contemporains, Napoléon et sa famille, etc. 441 pièces. Six lots.

111 — Quatre-vingts portraits anciens et modernes de divers personnages dont celui de Tardieu graveur, d'après M. Ingres, par M. Dupont. Epreuve avant la lettre. Trois lots.

112 — *Caricatures*. Scènes de mœurs, grisettes, scènes et charges militaires, costumes, etc., par MM. H. Vernet, Bellangé, Mon-

nier, etc. 250 pièces environ, plusieurs coloriées. Quatre lots.

113 — *Estampes historiques, vues diverses de châteaux de France,* par Pérelle, Silvestre, Marot. Plan de Paris sous Charles IX, conquêtes de Louis XIV d'après Van der Meulen, pièces détachées de la galerie de Versailles, Révolution de 1789, assignats, etc., etc.; 280 pièces. Six lots.

114 — Antiquités, statues, vases, médailles, vues de Rome, pièces historiques, etc. Trois lots.

115 — Douze estampes encadrées dont le testament d'Eudamidas d'après N. Poussin. La maladie d'Alexandre d'après Lesueur.

116 — Les apôtres par Marc Antoine, d'après Raphaël, et six dessins d'après Raphaël par Ango.

117 — La Passion d'après N. Poussin, et autres compositions de ce maître et de Lesueur, Jouvenet, etc., 36 pièces. Deux lots.

118 — Les loges et les arabesques, et plafonds de Raphaël, vie de saint Bruno de Lesueur, galerie des peintres célèbres, galerie du Luxembourg, galerie Riccardiana, galerie Aguado. Cet article sera divisé.

119 — Deux cent soixante-deux pièces diverses et vignettes pour Walter Scott et autres, têtes par Piazetta, diverses planches choisies du recueil l'Artiste, etc. Cet article sera divisé.

120 — Sujets religieux lithographiés et diverses pièces, par d'Orchevillers et autres.
121 — École italienne, 40 planches en un vol in-fol.
122 — Cours de dessin par Maurin et Julien; 70 pièces, cours de paysages de Coignet, et œuvres de Michallon. Deux lots.
123 — Quatre-vingt-cinq pièces par Marvy et autres maîtres.

### RECUEILS, LIVRES SUR LES ARTS, CATALOGUES, ETC.

124 — Massacre et Guerre de religion du temps de la ligue en France et dans les Pays-Bas, 156', in-fol., obl. rel. en veau. Curieux volume.
124 bis. — Plan de Paris de Turgot en 1734, in-fol., rel. en veau. Bel exemplaire.
125 — Le vieux Paris ou reproduction des monuments qui n'existent plus dans la capitale, par Perrot en 1838, in-4.
126 — Atlas géographique, astronomique et historique servant à l'intelligence de l'histoire ancienne du moyen-âge et moderne, et à la lecture des voyages les plus récents, par G. Heck. Paris 1830. in-fol. dem.-rel.
127 — Supplément à la table des portraits français du Père Le Long, par Soliman Lieutant. in-4.

128 — Collection de portraits, de personnages contemporains, d'après les médailles de David d'Angers. Paris, in-4, dem.-rel.
129 — Portraits lithographiés, sous le titre Iconographie française, Iconographie des contemporains et célébrités contemporaines. Ces trois collections reliés en 5 vol. in-8, dem.-rel., de Niédré.
130 — Revue anatomique par Chaussier, etc., 5 vol
131 - Le Jugement dernier de Michel-Ange, lithographié par Guillemot, autre gravé au trait par Piroli. La Psyché lithographié d'après Raphaël. 4 cahiers in-fol.
131 bis — La grande galerie de Versailles par Le Brun in-fol.
132 — Peintures du Dominiquin au monastère de Grotta Ferrata. in-fol., cartonné.
133 — La Bourse par M. Brogniard, architecte. Atlas des Voyages de la Troade. 2 vol. in-fol.
134 — Huit volumes de l'artiste et un vol. contenant 97 pièces choisies.
135 — Antiquités nationales par Millin, 2 vol. Costumes d'Angleterre par Martin. Costumes des peuples de l'antiquité, etc.
136 — Le Moyen âge pittoresque, 67 livraisons.
137 — Voyage en France (Normandie). Liv. 10, 12, 20, 35 à 39. En tout 18 liv. in-fol.
138 — Femme du pays de Caux, 105 p. et le texte.

Costumes par Gatine, etc. Modes et diverses pièces. Cet article formera 4 lots.
139 — Souvenir du Musée, des Monuments français par Biet. in fol.
140 — Meubles gothiques par Pugin. 1 vol. in 4.
141 — Traité de perspective par Thibaut. 1 vol. in-4.
142 — Monuments des douze Césars et monuments du culte des Dames Romaines. 2 vol. in-8.
143 — Sacre de Louis XV, un vol. in-fol.
144 — OEuvres du Dominiquin, galerie Farnèse, iconologie, 4 vol. in-8. Trois lots.
145 — Maniement d'armes par De Ghein. 1 vol. in-fol.
146 — Meubles gothiques par Pugin. in-4.
147 — Histoire de l'Equitation par Aubry ; et histoire de l'Armée française par Aubert, 2 vol. in-fol.
148 — Côtes de France par Garneray, in-fol. Moyen âge pittoresque, 50 pl. un vol. 2 lots.
149 — Costumes de théâtre de 1600 à 1820, par Hippolyte Lecomte. in-4, dem.-rel.
150 — Costumes français depuis Clovis jusqu'à nos jours avec un texte historique et descriptif, par M. de Clugny. Paris, 1836, 2 vol. in-8, dem.-rel.
151 — Plusieurs ouvrages sur les Beaux-Arts, par Taillasson, Sobry, Vatelet, Lenoir, Ponce, Boutard, et divers catalogues et anciens

livrets des expositions du musée du Louvre. 17 vol. in-12 et in-8. Cet article sera divisé.

152 — Divers ouvrages sur les Beaux-Arts, par Depilles, Lacombe, Foucaut, etc. 6 vol. in-12.

153 — Cabinet de tableaux, etc., par Florent, le comte de Paris. 3 vol. in-12.

154 — Dictionnaire des Graveurs, par Basan. Paris, 1767, 3 vol. in-12, rel.

155 — Catalogue de l'œuvre de Rembrandt, par Claussin. 2 vol. in-8, br.

156 — Catalogue des tableaux, dessins et estampes du cabinet de M. de l'Orangère. Paris, 1744, in-12, rel., avec les prix. Rare.

157 — Catalogue de la collection Mariette. Paris, 1775, in-8, avec les prix.

158 — Catalogue de l'œuvre de la Belle, par Jombert. Paris, 1772, in-8, rel.

159 — Catalogue de Dessins et Estampes, de Paignon Dijonval, par Benard. Paris, 1810, in-4, dem.-rel.

160 — Catalogues de vente des collections d'Estampes de Saint-Yves, Silvestre, Rigal, Denon, 5 vol. in-8, avec les prix.

161 — Peintre, Graveur français, par M. Robert Dumesnil, vol. IV et VII. Les œuvres de Nanteuil et Edelinck.

162 — Catalogue de la rare et précieuse collection d'Estampes de M. Debois. Paris, Defer, 1845, in-8, avec les prix.

163 — Cinquante catalogue de vente de Tableaux, Dessins et Estampes de 1817 à 45, avec les prix, dont : Cabinets Logette, Rossi, Karcher, Van Paten, Despereux, Revil, Tuffiakin, etc., etc.

164 — Un lot de Catalogues divers, Tableaux, Estampes, Livres.

165 — Catalogue des livres de Péxéricourt, Desaugier, Lacroix, La Mesengère, etc., avec les prix.

166 — Sous ce numéro, divers lots d'Estampes d'artistes, Recueils, Lithographies, etc.

166 bis. — Vingt-sept estampes encadrées, dont le congrès de Vienne, diverses estampes modernes gravées en Allemagne, d'après Perugin, Albert-Durer, Overbeck et autres maîtres. Cet article sera divisé.

167 — Les cinq ordres d'Architecture, cinq colonnes en bois sculpté.

168 — Des Chevalets, Boîtes à couleurs, Palettes, Maquettes, Passe-Partout, Toiles et autres ustensiles d'ateliers, seront vendus sous ce numéro.

www.ingramcontent.com/pod-product-compliance
Lightning Source LLC
Chambersburg PA
CBHW030113230526
45471CB00003B/1402